AF229325

LES
ÉLECTIONS PROCHAINES

PAR UN CATHOLIQUE

PARIS

LIBRAIRIE CATHOLIQUE INTERNATIONALE

6, rue Cassette, 6

—

1883

CHAPITRE PREMIER

Les catholiques et les élections.

Quelle conduite doivent mener les catholiques aux élections prochaines? Chacun saisit à première vue l'importance de cette question pleine d'intérêt, et même, à l'heure actuelle, on ne saurait en poser de plus grave. Car, le bien ou le mal de la France, son salut ou sa perte, sa gloire ou sa honte, sont entre les mains des catholiques, C'est à eux qu'il appartient de la retirer du gouffre béant dans lequel on s'efforce de la précipiter, et de lui rendre son ancien éclat en face des autres nations.

Pour lui procurer ce double avantage, il suffit de l'arracher aux mains incapables qui la dirigent, en imprimant aux élections prochaines un caractère largement catholique.

Nous sommes l'immense majorité et nous permettons qu'une poignée d'hommes, peu dignes pour la plupart, nous fassent la loi ; il nous est facile de leur imposer notre volonté, et nous subissons lâchement leur volonté.

Pour rentrer dans nos droits, nous n'avons qu'un moyen, c'est le vote ; et, par le vote, faire une nomination générale de députés catholiques.

Notre ardeur doit s'animer d'un feu nouveau, en voyant la guerre acharnée qu'on fait à l'Eglise. Qui se déclare contre l'Eglise, se déclare contre les catholiques ; qui fait du mal à l'Eglise, fait du mal aux catholiques; qui a juré la perte de l'Eglise, a juré la perte des catholiques : c'est incontestable. Or, le sentiment unanime des francs-maçons qui nous gouvernent, c'est de renverser l'Eglise de fond en comble, sans qu'il en reste le moindre vestige. « Le cléricalisme, voilà l'ennemi. » C'est le mot d'ordre, c'est le point de ralliement de la secte. Elle est divisée sur toutes les autres questions; mais, quand il s'agit de faire la guerre à l'Eglise, elle marche au combat comme un seul homme, oubliant toute animosité particulière.

Serons-nous insensibles en présence des coups violents qu'on dirige contre nous? Avons-nous perdu le sentiment si naturel de la conservation? Voulons-nous le salut de l'Eglise, oui ou non? Si nous le voulons, il est nécessaire de changer complètement l'état actuel des choses, et de mettre les catholiques au pouvoir, à la place des francs-maçons.

Des catholiques doivent gouverner les catholiques : rien de plus juste, rien de plus raisonnable. Les catholiques sous le pouvoir des francs-maçons, leurs plus grands ennemis, c'est un non-sens, une dérision, une absurdité, une injustice presque. Etrangers à l'Eglise et à notre sainte religion, sont-ils en état de connaître nos besoins? Ennemis déclarés, sont-ils disposés à satisfaire ces besoins? Une expérience de dix ans répond à cette question.

Que les francs-maçons se gouvernent entre eux, je le conçois; mais qu'ils tiennent le sceptre des catholiques, c'est injuste, c'est révoltant, c'est désastreux.

Cette situation déplorable où nous gémissons, nous pouvons la changer si nous voulons bien,

par des efforts intelligents, concertés et energiques.
Faut-il donc demeurer dans l'inaction ? Est-il opportun de tomber dans les bras de l'indifférence et de l'apathie ? Réveillons-nous sans perdre de temps, secouons une paresse qui nous serait funeste, et marchons au combat avec ardeur et courage, sans redouter la fatigue, sans craindre le péril.

Le vrai sentiment du pays, c'est nous qui le représentons ; la vraie force du pays, c'est nous qui la possédons ; par suite, le résultat des élections ne saurait être douteux.

Ne faisons pas l'inconcevable bévue de transmettre à nos ennemis les droits et le pouvoir que nous devons garder nous-mêmes : par le nombre, l'autorité est entre nos mains ; ayons soin de la faire passer aux nôtres : surtout que personne ne nous intimide et ne change nos résolutions : nous paierions cher cette faiblesse.

CHAPITRE II

Grandeur du titre de catholique ; soyons fiers de le porter.

Si les adversaires que nous combattons ont pour objectif de leurs communs efforts la ruine du catholicisme, c'est au nom de Dieu et de l'Eglise que nous devons marcher contre eux. S'ils se declarent les ennemis de la foi, affirmons-nous hardiment ses defenseurs, a la face du monde ; s'ils se montrent démolisseurs perfides, posons-nous en sauveurs. Dans le feu de l'action, rappelons-nous que nous sommes les soldats du Seigneur et les champions de la société, menacee fortement par nos ennemis : nul ne saurait en concevoir le moindre doute.

Impossible de nous placer sur un terrain plus avantageux.

En suivant cette conduite sage, la plus grande union règnera parmi nous, parce que tout sujet de division est supprimé. Nous marchons au combat avec un même sentiment, pour défendre l'Eglise, la société et nos familles : que notre unique bannière soit la bannière catholique. Les opinions politiques nous divisent, il est vrai, mais la Croix nous unira tous sous son ombre salutaire, et, par elle, nous ne sommes plus qu'une même famille.

Si nous agissons ainsi, la victoire est certaine. Groupés autour de ce drapeau sacré, nous serons terribles comme des lions ; et nos ennemis, incapables de soutenir le choc de nos légions invincibles, seront promptement défaits et obligés de prendre honteusement la fuite. Car, lorsqu'on combat au nom du Dieu tout-puissant et au nom de l'Eglise, sauvegarde de la société, on est toujours victorieux.

Le plus beau de nos titres est sans doute celui de catholique, et il n'est pas de personne vraiment sensée qui ne le place bien haut au-dessus de la fortune et des premiers honneurs. Si ce titre nous élève tant, qui nous empêche de le proclamer à la face du soleil ? S'il renferme en lui-même tant de dignité, pourquoi le placerions-nous sous le boisseau dans une circonstance solennelle et décisive comme celle-ci, où il sera pour nous de la plus grande utilité ?

Armons-nous donc de ce titre glorieux pendant la campagne électorale et inscrivons-le fièrement sur notre front avant d'aller déposer le bulletin dans les urnes électorales ; c'est le moyen d'inspirer la terreur à nos ennemis. Jusqu'ici ils nous ont intimidés, c'est à nous de les faire trembler dès ce jour.

Il y a dans ce titre de catholique une vertu secrète et efficace qui l'emporte sur toute puissance humaine. Cette vertu double les forces et elle inspire l'héroisme parce qu'elle vient des cieux : elle est une participation de la puissance divine elle-même, qui éleve de simples mortels à la hauteur de Dieu, ce qui place les catholiques dans un rang à part, bien au-dessus du reste des hommes.

Soyons donc catholiques et rien que catholiques, si nous voulons triompher et rompre les chaînes qui nous retiennent dans l'esclavage depuis dix ans, et choisissons des députés sincèrement catholiques.

Comme ce titre est preferable à celui de conservateurs que nous portons depuis longues annees fort inutilement, helas ! car, avec ce titre si beau en apparence, quel progrès a fait notre cause ? Il est bon de s'en rendre compte.

CHAPITRE III

Pourquoi le titre de catholique est-il préférable à celui de conservateur ?

Conservateur ! quel mot vague et insipide ! Pris dans le sens qu'on lui donne aujourd'hui, c'est le synonyme de faible, irrésolu, découragé, impuissant. Il porte sur lui la flétrissure de mille défaites politiques, l'empreinte de l'humiliation, au moins aux yeux de plusieurs ; en un mot, ce n'est plus un terme honorable.

Or, en allant au combat, on a le courage et la vertu du titre qu'on porte. Au reste, le titre de conservateur jure avec le véritable esprit français.

Catholique veut dire victorieux dans le combat ; conservateur, au contraire, résigné dans la défaite.

Quelle vertu renferme le mot de conservateur ? Aucune ; on juge de l'arbre par le fruit qu'il porte, principe universellement reconnu. Où est le fruit qu'a porté le terme dont nous parlons ?

Bien plus, à le considérer de près, ce mot est entaché d'erreur, de cette grande erreur moderne qui empoisonne la société et dont ne sont pas exempts bon nombre de Français attachés à la cause sainte ; erreur qui se glisse partout et qui prend toutes les formes : serpent à cent têtes qui cause les plus grands ravages. Cette hydre perfide se nomme le libéralisme. On dit même que certains clercs exhalent cette odeur empestée.

Eh bien ! le mot conservateur est une éclosion directe et naturelle de cette funeste erreur : c'est le libéralisme déguisé, transporté sur le terrain de la politique. Par conséquent, au lieu de renfermer de la vertu, ce terme contient une erreur. Mais l'erreur est frappée de stérilité par sa nature même. C'est une branche détachée de l'arbre moral de l'humanité par une main sacrilège, branche condamnée à sécher sous les ardeurs du premier soleil.

Aussi, nous avons fait résonner pendant dix ans ce titre si creux et si fade sans obtenir aucun bon résultat. Au lieu de victoires, nous avons compté des défaites ; loin de gagner du terrain, nous en avons toujours perdu. Si, depuis quelque temps, la lumière se fait autour de nous, si le soleil de la vérité perce le nuage obscur de l'erreur, c'est que nous revenons peu à peu au pur catholicisme ; et ce retour salutaire et si longtemps désiré nous prépare le triomphe : c'est avec le titre de catholiques que les Autrichiens et les Belges ont remporté la victoire aux dernières élections.

Nous nous disons conservateurs et nous perdons tout.

Si le titre de conservateur n'a rien produit jusqu'à ce jour, c'est une preuve qu'il est radicalement stérile ; dans le cas contraire, il eût porté du fruit à quelque époque. S'il est demeuré si longtemps stérile, preuve qu'il le sera toujours. Or, l'arbre qui ne porte pas de fruits, on l'arrache et on le jette au feu : c'est une sentence du bon sens et de l'Evangile ; c'est une maxime généralement reçue.

Hommes de foi, hommes d'intelligence, hommes de cœur, aimez-vous à prendre des armes impuissantes quand vous pouvez ceindre une cuirasse que nul trait ne saurait percer et un glaive qu'on ne saurait rompre ? Un conservateur est un homme qui ne peut rien : l'impuissance a-t-elle pour vous un attrait si séduisant ? L'arme catholique a une trempe si dure ! Vous lui préférez, néanmoins, une arme qu'on brisera au premier coup ! Vous pouvez marcher à la victoire, et vous courez à la défaite de préférence ! La ruine de votre patrie, est-ce une chose qui vous plaît tant ? Vous convient-il que la France soit dévastée sous vos yeux ? Pouvant la sauver avec le drapeau catholique, préférez-vous la perdre en vous attachant encore au drapeau conservateur ?

Est-ce la vie, est-ce la mort que nous cherchons? La vie, nous la trouverons sous le drapeau catholique, et la mort sous le drapeau conservateur; car ce terme exprime une contre-vérité, une ironie toute pure.

Désormais, on appellera conservateur celui qui dissipe son patrimoine.

Le drapeau catholique est celui qui a fait notre chère France la plus belle nation du monde : la première fois qu'il parut à la tête de nos armées, il remporta une victoire complète sur les bords du Rhin; car, depuis la prière de Clovis a la journée de Tolbiac, son drapeau païen devint un drapeau catholique. Cet étendard béni a volé de victoire en victoire dans le cours des âges; il a parcouru en vainqueur toutes les contrées de la terre et il a couvert notre nation d'une gloire incomparable.

Les armes des Bourguignons et des Visigoths ont dû s'incliner devant lui; il a broyé le croissant de Mahomet dans les plaines de Poitiers; il a vaincu les indomptables Saxons et les perfides Lombards; le domaine de saint Pierre, c'est lui qui l'a institué avec Pépin et Charlemagne. Il a conquis l'Angleterre avec Guillaume le Conquérant, et la Terre-Sainte avec Godefroi de Bouillon. Sous saint Louis, il a inspiré aux Anglais et aux Musulmans la terreur du nom français; sous Jeanne d'Arc, il a reconquis la France dont les Anglais étaient devenus les maîtres; et sous les Guise, il a vaincu les Espagnols et les Calvinistes. C'est avec lui que Turenne et Condé ont remporté de si belles victoires.

Français, le drapeau catholique est-il indigne de vous? Comptez les victoires du drapeau conservateur et faites la comparaison ! Avec ce dernier, nous avons essuyé mille revers ; avec le premier, nous avons remporté mille triomphes. Balancerez-vous un instant à faire le choix ? Nos pères, si terribles dans les combats et tant de fois victorieux, se disaient-ils conservateurs ou catholiques ? Si jamais il nous est donné de prendre la revanche sur la Prusse, quel sera l'étendard qui nous donnera la victoire ?

Le drapeau conservateur nous a conduits à Sedan : il ne pouvait donner d'autre resultat ; mais le drapeau catholique fera luire de nouveau le soleil d'Austerlitz et de Marengo.

Après avoir vaincu des ennemis si nombreux et si redoutables, le drapeau catholique sera-t-il impuissant contre une poignée de lâches francs-maçons ?

Si les élections prochaines se font à l'ombre et sous la protection puissante du drapeau catholique, que seront-elles ? Bonnes, à coup sûr. Voulez-vous à tout prix que le drapeau conservateur vienne tout compromettre ?

Vive la Croix ! seul et véritable instrument de salut qui unit tous les catholiques français par un même sentiment !

Avec la Croix, quel sera le compagnon, la lumière et le rempart des catholiques pendant les élections ? Eh bien ! je le dis hautement et à la face du ciel : ce sera le clergé.

CHAPITRE IV

Le clergé et les élections.

On veut à tout prix que le clergé reste étranger aux élections, tant on redoute son influence ; mais cette exigence déplacée est une grande injustice.

Si le gouvernement actuel se fût montré moins hostile envers le clergé et envers l'Eglise, le clergé l'aurait toléré sans se plaindre, et sans entrer bien avant dans ses luttes et ses débats, parce qu'il est ami de la paix; mais on l'a injustement provoqué : bien plus, on lui a porté des coups mortels.

Par conséquent, à l'heure actuelle, il se placera sur le terrain d'une légitime défense, consacrée par le droit naturel et par le droit civil. Puisqu'on l'attaque si violemment, il est obligé de se défendre, et ses armes les plus fortes ce sont les élections, dans le moment présent.

On proclame bien, avec affectation et hypocrisie, que le clergé n'a pas de droits aux élections; mais le clerge connaît l'etendue de ses droits. On dit encore qu'il ne doit pas se mêler d'élections; mais il est obligé de s'en mêler par la force des choses.

Le clergé autrichien a engagé les catholiques de l'empire à faire de bons choix; les droits du clergé français sont les mêmes à tous égards.

On menace d'annuler les élections si le clergé y fait sentir son influence; la seconde fois, il reviendra à la charge avec plus d'ardeur et de prestige; et, au second tour de scrutin, il aura plus de succès qu'au premier : à la longue, la justice et le droit sont toujours couronnés, c'est une loi de la nature.

Si le clerge français soutenait les candidats du gouvernement, tout lui serait permis; chacune de ses démarches serait un mérite, chaque discours une action louable, et chaque signe du zèle bien compris. Ce qu'il dirait, même à l'église, du haut de la chaire ou dans le secret du confessionnal, serait applaudi, et les rapports qu'il aurait avec les fidèles en vue des élections seraient inspirés par le vrai patriotisme.

Mais, s'il combat la candidature officielle, le meilleur et le plus saint de ses actes est réputé criminel. Ainsi, il est innocent ou coupable aux yeux du gouvernement, selon qu'il est le soutien ou l'adversaire de cette candidature.

Tout ce qu'on fait pour maintenir les francs-maçons au pouvoir est bon et légitime ; ce qu'on fait pour les en éloigner est blâmable et répréhensible. N'est-ce pas l'effronterie poussée jusqu'à la dernière limite ? Si le clergé se déclare contre la candidature officielle, le gouvernement n'a-t-il pas tout fait pour le tourner contre lui ?

Nuire au clergé et renverser à petit bruit la colonne de l'Eglise, telle est la principale occupation de la Chambre depuis dix ans ; et chaque legislature est marquée par un désastre nouveau. Les autres questions, manifestement accessoires, ne sont mises sur le tapis que pour faire diversion quand on le juge nécessaire ; car, bientôt après, on reprend le premier travail. Examinez attentivement les faits, et cette vérité se fera jour en peu de temps. La guerre de Tunisie, la guerre si désastreuse du Tonkin et les travaux particuliers de la Chambre, étrangers à l'Eglise, avaient pour but de porter au dehors l'attention publique, en attendant qu'on fît de nouvelles ruines ; mais l'idée dominante c'est le renversement de la religion catholique. Et l'on voudrait que le clergé soutînt un gouvernement persécuteur !.....

Le clergé est attaqué de toutes parts et l'on voudrait qu'il ne prît aucune mesure pour se défendre !

Le devoir l'oblige à veiller aux intérêts de l'Eglise ; et, quand l'Eglise est en péril, il ne lui serait pas permis de travailler à son salut ! Par les élections on peut conjurer l'orage qui la menace ; et le clergé ne prendrait pas aux élections la part la plus active ! Mais c'est pour lui un devoir de conscience. S'il y manquait, en trahissant l'Eglise il trahirait son Dieu.

Il suit de là qu'il est urgent pour le clergé d'imprimer aux élections un mouvement catholique, quelque peine que la Franc-Maçonnerie en ressente.

CHAPITRE V

Droits du clergé dans les élections.

On cherche à intimider le clergé, à lui jeter hypocritement de la poussière aux yeux, à le perdre devant l'opinion publique et à se débarrasser ainsi de son influence qu'on redoute : la seule puissance capable de tenir tête aux francs-maçons, c'est le clergé catholique ; aussi, ils sont animés contre lui d'une violente haine qui éclate dans ces mots : « Le cléricalisme, voilà l'ennemi. »

En effet, qui est capable de faire sauter le rempart d'airain qui environne l'autorité de la Franc-Maçonnerie ? Le clergé catholique uniquement, parce qu'il est fort, uni, serré autour d'un chef, invincible dans le combat parce qu'il est inébranlable dans sa foi.

Le clergé est la plus grande puissance qui soit au monde ; il est si redoutable que les traits de l'ennemi ne peuvent l'atteindre. Appuyé sur un rocher dont Dieu lui-même a posé les fondements,

on ne saurait le renverser, ni même l'entamer :
voilà le désespoir des francs-maçons.

Mais quand il tombe sur un ennemi de tout son
poids, cet ennemi, quelque fort qu'il soit, doit
rendre l'âme à ses pieds : deux mille ans d'expérience confirment cette vérité historique. Armee
sans egale, vraiment imposante, vraiment magna-
nime, plus terrible que la mort.

La Franc-Maçonnerie se rend compte de la valeur
incomparable du clergé, elle mesure toutes ses
forces, et elle voit que si une défaite doit lui être
infligee, cette défaite ne peut venir que du clergé
catholique.

Il ne faut pas chercher ailleurs la cause des per-
sécutions violentes et hypocrites qu'elle exerce
depuis longtemps contre lui ; elle mine secrète-
ment ce rocher inébranlable, n'osant pas l'attaquer
à ciel ouvert. Que cherche la Franc-Maçonnerie par
ses menées indignes et barbares ? A se défaire du
clergé, ni plus ni moins.

Quoi qu'il en soit, si la Franc-Maçonnerie pré-
tend intimider le clergé par ses attaques incessan-
tes et hypocrites, elle perd son temps ; si elle pense
le dépouiller perfidement de ses droits civils, elle
perd encore son temps ; qu'elle ne se fasse pas
illusion. Le clergé poussé à bout par les menées
criminelles de cette secte, harcelé, frappé au cœur
par les coups terribles qu'elle a portés à la religion sainte dont il est le ministre, le clergé ne
perdra aucun moment ; il usera de tous les moyens
légaux pour faire à l'Eglise et à la France un meilleur sort. S'il demeurait les bras croises, Dieu lui
reprocherait son inaction et la postérité lui en
ferait un crime.

Le clergé a sur les élections les mêmes droits que les autres citoyens, malgré l'hypocrisie maçonnique et ses mensonges habilement semés. Il peut donner son vote à qui bon lui semble, poser sa candidature, demander les suffrages au public, éclairer les masses ignorantes et leur faire connaître les projets désastreux de la Franc-Maçonnerie, porter la parole devant les assemblées, aux lieux et aux heures convenables. Il peut faire voir les heureux résultats qui accompagneront le triomphe des candidats catholiques, et les maux infinis où nous plongerait une nouvelle Chambre maçonnique : aucune loi n'y met obstacle. Voilà ses droits, voilà ceux de tout le monde, en dépit de la Franc-Maconnerie.

On a beau dire : « C'est indigne du caractère sacerdotal, nuisible à la religion, scandaleux pour le peuple, contraire au bien public. »

Ces grelots maçonniques ne donneront le change à personne.

Quel zèle sincère pour la cause catholique !...

La secte maçonnique emploiera la duplicité, le mensonge, la séduction la plus pressante pour obliger les électeurs à lui donner ses voix, pour forcer les volontés chancelantes ; elle promettra des places, elle fera luire à propos de fausses espérances, elle jettera l'argent de l'Etat à pleines mains, à l'avantage de sa seule cause. Ministres, préfets, sous-préfets, maires et autres employés pèseront de toute leur autorité pour faire pencher la balance électorale du côté républicain-maçonnique ; cela est parfait et l'élection en tire double valeur parce qu'elle est maçonnique. Dans ce cas, plus on violente, plus on est digne d'éloge ; et la violation de la loi ne compte pour rien : c'est plutôt un mérite qu'une faute.

Au contraire, un prêtre ou un évêque donne un simple avis à des amis qui le consultent, il fait de la propagande électorale, en restant sur le terrain légal ; si le député catholique l'emporte dans ce département, cet avis et cette démarche légale sont suffisants pour faire invalider l'élection. Alors cette élection est réputée nulle, non parce qu'elle est entachee d'un vice réel, mais parce qu'elle n'est pas maçonnique. On peut dire en principe : Une élection qui ne donne pas un candidat franc-maçon est frappée de nullité. C'est la conduite qu'on a suivie jusqu'à ce jour.

Un vote émis conformément aux lois sous une influence cléricale porte sur lui une tache assez grande pour corrompre par son contact plus de vingt mille votes libres de toute influence. Par la faute d'un seul, si faute il y avait, vingt mille innocents sont traités de coupables ; c'est le comble de l'absurdité et de l'arbitraire.

D'un autre côté, cent mille votes arrachés par la violence en faveur du gouvernement sont proclamés exempts de reproche.

Ils sont validés parce qu'ils portent la couleur maçonnique.

O justice des francs-maçons, que tu es admirable !

On dit aussi : « Le clergé s'immisce trop dans les affaires politiques. »

— Fausseté, hypocrisie ; le vrai, c'est qu'il se tient trop à l'écart, et l'Etat ne s'en porte pas mieux ; malheureusement il n'a pas la part qui lui revient naturellement !...

Le clergé français représentant la plus grande cause de la nation, la cause catholique, devrait occuper les premiers rangs dans nos chambres législatives ; soutenant les intérêts religieux de la majorité des citoyens, le clergé devrait y être en majorité ou du moins en nombre considérable ; formant la classe la plus savante et la plus digne, sans contredit, nul n'est plus capable de préparer des lois sages et de veiller au salut de l'Etat ; son patriotisme reconnu lui mérite la confiance de ses concitoyens. Ne ferait-il pas mieux que les avocats, les médecins et les vétérinaires qui bouleversent la France depuis plusieurs années ? Ces déclassés aspirent au pouvoir afin de remonter leur fortune dissipée par la folie et le vice, ou pour se faire rapidement, dans cette haute place, une position qu'ils n'auraient jamais eue ailleurs, à cause de leur incapacité. Mais le clergé français, s'oubliant lui-même, ne monterait au pouvoir que pour procurer le bien général, pour donner la paix à l'E-glise et pour rendre la France heureuse et puissante.

Toutefois, s'il entre à la Chambre deux membres du clergé, on crie hypocritement qu'il en est au moins un de trop. Et le clergé se laisse troubler par ce langage trompeur, lui qui a pourtant le sentiment de sa dignité et de sa force !!!

Quelle influence plus vraie et plus solide que la sienne ? Et il hésite à se mettre sur les rangs et a poser sa candidature dans tous les collèges électoraux ! Les députés pris dans les rangs illustres du clergé ne valent-ils pas ceux qu'on choisit dans les noirs souterrains et sur les bancs obscurs des loges maçonniques ?

Le clergé français a fait la France catholique une première fois ; lui seul est capable de la refaire une seconde fois, bien plus que les avocats et les vétérinaires : il n'est pas d'homme réfléchi qui ne partage ce sentiment.

Entre une Chambre maçonnique et une Chambre cléricale, quelle est celle qui inspire le plus de confiance ? quelle est celle qui travaillerait avec plus d'ardeur et de succès à rétablir la nation, à réparer ses forces, à cicatriser ses nombreuses plaies ?

Sa plus grande plaie en ce moment, c'est la Révolution, c'est la Franc-Maçonnerie. Qui, mieux que le clergé, est capable de la delivrer de ce double fléau ? Le marteau de la Franc-Maçonnerie, c'est le clergé catholique. Celui-ci, entierement destitué de puissance, tient tête à la Franc-Maçonnerie revêtue de la toute-puissance. Que serait-ce s'il avait la puissance comme elle ? La secte infernale serait mise à sa place sans délai, par un coup de main énergique. La France jouirait d'un repos parfait ; la prospérité, l'abondance et la gloire renaîtraient de toutes parts.

Catholiques français ! les destinées du pays sont entre vos mains ; il ne tient qu'à vous de lui donner tous ces biens en un seul jour : portez les voix sur les candidats catholiques, et cela suffit.

La victoire des francs-maçons aux élections prochaines, ne vous y trompez pas, c'est la ruine de l'Eglise et celle de la France ; le triomphe du clergé, c'est celui de la France et celui de l'Eglise ; il importe que nous soyons pleins de cette pensée.

Oui, la guerre est allumée entre le clergé catholique et la Franc-Maçonnerie, et c'est la dernière qui l'a declarée, sans aucun motif avouable ; la haine, la rage contre l'Eglise l'ont portée à cette extrémité. La guerre est allumée, et le bien de chacun demande qu'elle se termine à l'avantage du clergé, parce que le clergé, c'est la tête et le cœur de la France. La Franc-Maçonnerie en est l'ordure et les pieds.

La victoire passera dans ses rangs, sans aucun doute, si les catholiques français ne consultent que l'intérêt du pays, leur propre intérêt et le devoir de la conscience, foulant aux pieds tout préjugé, l'intimidation et la pression gouvernementale, et portant la tête haute en face de l'ennemi. Quoi de plus propre à le décontenancer et à porter le decouragement dans son âme ?

Ainsi la conscience et le devoir imposent au clergé une action énergique pour combattre l'election des républicains-maçonniques. Son droit à cet égard est absolu, et il ne rencontre des limites que dans la prudence chretienne.

Mais gardons-nous de croire que cette prudence nous interdise tout mouvement, toute démarche, tout conseil et toute exhortation au sujet des elections prochaines : les francs-maçons ne demanderaient pas mieux ; et, si le clergé veut leur faire plaisir, il n'a qu'à garder la neutralité absolue. Le gouvernement mérite bien cette faveur : il a supprimé les traitements d'un grand nombre de curés et de vicaires de la façon la plus arbitraire et la plus despotique ; il a diminue d'un tiers le traitement des évêques ; il a expulsé les religieux ; il a fait main-basse sur les aumôniers ; il a excité les passions de la populace contre tout le clergé, le livrant ainsi aux insultes les plus viles.

Si quelqu'un avait recours aux tribunaux, on recevait ses plaintes avec dédain. Souvent le prêtre était accablé de mauvais traitements sur les places et sur la voie publique ; le gouvernement en était instruit par l'organe de la publicité, et il fermait les yeux et les oreilles sur les faits les plus scandaleux et les plus outrageants.

Clergé français, montrez-vous bienveillant envers les francs-maçons ; évitez de leur déplaire ; on ne saurait avoir assez d'égards envers eux : ils se sont montrés si doux à votre endroit et si pleins de tendresse !!!

Gardez une exacte neutralité ; vivez dans l'inaction pendant la période électorale ; renfermez-vous soigneusement dans vos presbytères. Dormez en paix sous prétexte de ne pas vous compromettre et de ne pas mettre en péril les intérêts de l'Eglise. Cette conduite soi-disant prudente vous attirera les félicitations et les éloges de la Franc-Maçonnerie ; mais ne comptez pas sur sa reconnaissance.

Si les deputes de la majorité ou d'autres qui les vaillent retournent à la Chambre, je plains votre sort. Vous recevrez alors le salaire de votre bénignité ; peut-être serez-vous les premières victimes. Vous avez cru ménager les intérêts de l'Eglise et les vôtres ; mais vos ennemis ne ménageront ni vous ni l'Eglise : telle sera la récompense de votre neutralité. Comme le lion, ils aiguisent leurs griffes pour tomber sur la proie ; mettez-vous sur vos gardes.

De la prudence, sans doute, mais une grande activité et une invincible énergie. Si vous dormez, craignez un réveil bien lamentable !...

CHAPITRE VI

Les vrais républicains et les élections prochaines.

Assurément le clergé et les catholiques français ont tout intérêt à arracher la souveraine puissance aux francs-maçons ; mais pour les vrais républicains en est-il de même ? L'élévation de la Franc-Maçonnerie est-ce le triomphe de la République ? le maintien des francs-maçons au pouvoir est-ce l'affermissement du régime républicain ?

Jusqu'à présent la plupart des républicains ont partagé ce sentiment ; mais, dans ce moment, ils ouvrent les yeux à la vérité, et leur première illusion se dissipe de jour en jour. D'un regard intelligent, ils commencent à pénétrer la politique ténébreuse, hypocrite et entortillée de la secte maudite. Ils s'aperçoivent que ces hommes égoïstes ne pensent qu'à eux-mêmes, au préjudice du reste des mortels et au préjudice de toutes les opinions politiques contraires aux leurs. En un mot, le régime que nous subissons n'a rien de commun avec la République.

En effet, la Franc-Maçonnerie mine la République par sa base, comme toutes les autres institutions existantes ; et, sous le faux prétexte de l'affermir, elle lui porte un coup mortel, à tel point, qu'une fois passée par les mains des francs-maçons, la République devient à jamais impossible, parce que le peuple est fatigué, dégoûte de ce régime, le plus despotique, le plus égoïste, le plus pervers qui fut jamais.

De sa nature, le gouvernement républicain est doux, paternel, désintéressé ; mais le régime actuel est dur, sans entrailles, dévoré par la soif de l'or et l'amour des richesses : tout pour lui, rien pour les autres, voilà sa principale devise et sa conduite persévérante.

Jusqu'à présent, on caressait la République parce qu'on espérait goûter sous elle une liberté plus étendue, une égalité parfaite entre les citoyens ; et jamais en aucun temps on ne fut plus opprimé, plus foulé, plus dédaigne ; jamais on n'a gémi sous l'empire d'un égoisme si dur. Tout pour les francs-maçons : charges, honneurs, richesses, emplois lucratifs, manipulation du budget national, à l'exclusion calculée et absolue de tous les autres citoyens, avec une rigidité inflexible.

On croyait que le premier devoir de la République était de venir au secours du peuple et de soulager les malheureux : en fait, les francs-maçons méprisent le peuple et rient de sa misère.

Jamais la souffrance ne fut ni si dure, ni si longue, ni si generale : d'un autre côté, jamais gouvernement ne chercha moins à la soulager.

Les francs-maçons se livrent à toutes les délices des festins les plus splendides et le peuple meurt de faim : en ce moment, d'après les journaux, il y a à Paris plus de mille familles qui agonisent sous les rudes etreintes du besoin, et les opportunistes sont cousus d'or.

Les francs-maçons s'abandonnent au doux courant des plaisirs et de la dissipation, avec une immense prodigalité d'argent et de luxe ; et le peuple n'a pas un centime pour acheter du pain.

Dans les temps antiques, la République romaine

faisait au peuple de fréquentes distributions de blé et de terres; aujourd'hui les francs-maçons accaparent toutes les richesses et dévorent seuls les revenus de l'Etat. O égalité! ô fraternité!

On aimait à penser que sous le gouvernement républicain il y aurait une grande diminution d'impôts et de charges publiques : en aucun temps les impôts ne furent si lourds, ni les charges publiques si multipliées, ni si largement rétribuees.

On croyait aussi que sous la République les employés de l'Etat seraient pris indistinctement dans tous les rangs de la société, surtout dans les rangs du peuple qui sont les plus nombreux; voilà que tous sortent des loges maçonniques.

Le bon peuple a ouvert la fontaine de la République avec l'espoir de boire à loisir dans ses eaux abondantes. Mais voila qu'elle tarit aussitôt que le peuple se présente devant elle ; les eaux ne jaillissent qu'en présence des francs-maçons. Peuple bénin, en fondant le République tu as bien mal employé ton temps puisque tu n'en retires aucun profit!

Ainsi, le regime actuel, loin d'être une République, est une parodie complète de la véritable République. C'est la negation absolue de l'esprit républicain; c'en est la grimace, la singerie et la profanation.

Pauvre République! en tombant entre les mains des francs-maçons, dans quelles mains es-tu tombée! Tu les traitais en amis, et ils sont tes bourreaux. Bonne République, ton sort est bien malheureux! Tu as en partage des déboires bien amers!

De 1871 à 1875, les monarchistes fixèrent ses destinées, c'est-à-dire des hommes peu favorables à ce régime. Depuis 1877, elle est tombée entre les mains des francs-maçons qui sont ses bourreaux. De grâce, arrachons-la de leurs mains indignes, par un commun effort, et confions-la à des mains moins hostiles ; courons au plus pressé.

Fi d'un gouvernement républicain qui n'a rien de commun avec la République véritable !

La République universelle que les francs-maçons ont l'idée d'etablir n'est autre chose que la mort de la vraie République.

Ainsi les républicains sincères ont tout avantage à s'unir aux catholiques pour détrôner les francs-maçons. De vrais republicains au pouvoir, comme ceux de Rome et d'Athènes, amis de l'ordre, amis du peuple, amis de l'Eglise, passe ; mais, pas de francs-maçons.

CHAPITRE VII

Dernier terme de la Franc-Maçonnerie.

Rien n'égale l'habileté de cette secte pour cacher ses sentiments destructeurs, pour dissimuler ses projets sanguinaires. Elle se propose de tout renverser, et de répandre le sang du dernier des hommes ; mais elle enveloppe ses plans abominables sous un voile à belles couleurs. Rien de si doux que ces discours perfides : c'est une huile onctueuse qui séduit par sa limpidité. Mais prenez garde de vous y laisser prendre. Car la Franc-Maçonnerie doit être jugée non sur ses paroles doucereuses, mais sur ses œuvres, sous peine de tomber dans une erreur complète.

Ses paroles sont toutes mielleuses, mais ses actes sont destructeurs et sanguinaires. Elle cache sous une couche de miel le sang qu'elle répand à flots ; et les ruines qu'elle entasse, sous un manteau de velours : elle affecte la douceur de l'agneau, mais la cruauté du tigre est son partage. Un assassinat exécuté par ses ordres, c'est un acte de courtoisie et un témoignage de bienveillance : le renversement des États, et le dépouillement du propriétaire, c'est une sainte justice ; la persécution contre l'Église, des mesures pleines d'aménité. C'est le renversement du sens humain.

Mais, examinons sa conduite de près, suivons sa marche à travers les âges, pas à pas. C'est le moyen unique de connaître exactement ses véritables desseins et le but final qu'elle poursuit.

Qu'a fait la Franc-Maçonnerie dans le passé ? des victimes et des désastres. Ses victimes les plus récentes sont : l'empereur de Russie, le Président des États-Unis, le Président de l'Équateur : c'est elle qui a dépouillé le Pape de ses États, qui a détrôné le roi de Naples, qui a renversé Napoléon III, qui a bouleversé l'Espagne et la Belgique.

Traçons un faible tableau de sa détestable hypocrisie : d'abord j'avertis le lecteur que Franc-Maçonnerie et majorité de la Chambre expriment ici la même idée, parce que celle-ci est l'associée et la fidèle servante de celle-là.

En saisissant le pouvoir, la Chambre maçonnique a promis de respecter les bases sociales. En vérité, une promesse maçonnique ne rassure guère. Car, en entrant dans la secte on jure de violer toute promesse sans scrupule : un maçon ne se croit pas lié quand il promet quelque chose.

Bien plus, c'est une de ses habitudes de protester hautement de son respect pour une institution, quand elle a pris la résolution definitive de la renverser. Par ce moyen, le peuple endormi à l'ombre d'une promesse ne se tient point sur ses gardes, et le coup est frappé avant qu'il ne s'éveille. Si la secte promet de maintenir l'ordre social, preuve qu'elle a juré de l'anéantir.

La société repose sur l'autorité d'un chef, quel que soit le nom qu'il porte ; sur la puissance judiciaire qui veille au respect de la loi ; sur la puissance administrative, destinée à procurer le bien matériel du peuple ; sur la puissance militaire qui a pour mission de maintenir l'ordre à l'intérieur et de repousser l'invasion étrangère. Or, la secte fait tomber les têtes des chefs des Etats : nous venons d'en citer quelques exemples. Elle a immolé la puissance judiciaire a sa cruelle vengeance : les magistrats les plus intègres et les plus distingués sont tombés sous sa faux sanguinaire.

Elle travaille de son mieux à renverser la puissance militaire : ses tentatives contre la discipline, la mise en disponibilité des meilleurs chefs, le service reduit à trois ans, l'envoi de nos troupes sur les terres lointaines sans motif sérieux, sous des climats meurtriers qui les dévorent comme le feu dévore la paille, sont les meilleurs moyens de se défaire de l'armée à bref délai.

Voila ce que la Franc-Maçonnerie appelle : *maintenir la société ;* autrement dit, c'est mettre tout en œuvre pour l'abattre.

Elle brise le lien de la famille par la loi du divorce,

par l'enseignement obligatoire et athée, par l'affaiblissement de l'autorité paternelle : donc elle ne veut pas de famille.

Elle sème le désordre dans toute la France par les doctrines subversives et perverses de ses journaux ; elle excite les passions des masses.

Elle ruine nos finances, elle écrase le peuple d'impôts, elle marche à grands pas vers la banqueroute : donc, l'existence de la nation française lui est à charge.

En second lieu, la Franc-Maçonnerie s'est engagée solennellement à respecter les droits de l'Eglise : cela veut dire qu'elle les violera tous.

En effet, ils sont nombreux les désastres qu'elle a fait subir à l'Eglise depuis dix ans. Elle a supprimé les universites catholiques, aboli la loi du dimanche, renverse l'aumônerie militaire, proscrit l'enseignement religieux dans les écoles publiques et désaffecté les édifices consacres au culte. Sainte Genevieve n'est que le commencement de la campagne : dans un cas nous voyons une mesure générale.

On émonde chaque année le budget de l'Eglise avec un perfide artifice : donc, on l'immolera tout entier. *Les christs* et les statues des saints sont enlevés des écoles ; les processions sont interdites sur la voie publique, les religieux sont expulsés, les enterrements civils sont à la mode, les sœurs sont chassées des hôpitaux, le séminariste est astreint au service militaire : telle est la nature de la protection promise à l'Eglise par la Franc-Maçonnerie : c'est une protection qui marche à grands pas vers la ruine.

Il est donc manifeste que la secte a juré la perte de l'Eglise comme celle des Etats,

Si elle ne veut ni Eglise ni société au monde, elle ne veut pas de l'homme qui ne saurait subsister sans société et sans religion : en abattant les têtes couronnées elle indique le sort réservé au simple peuple, aux nobles et aux riches.

Il s'ensuit que le but final de la Franc-Maçonnerie est le renversement de toutes les institutions sociales et la destruction générale de l'espèce humaine.

L'opportunisme est la fine fleur de la secte maçonnique, l'essence la plus pure et la haute philosophie ; le radicalisme en est l'expression brutale mais logique. Tout ce que je dis de la Franc-Maçonnerie s'applique directement à ces deux partis politiques ; au reste, l'opportunisme n'est que l'hypocrisie de la secte maçonnique.

CHAPITRE VIII

Nécessité de s'organiser.

Jusqu'à présent nos adversaires ont marché contre nous avec le plus grand ordre, n'ayant qu'un même sentiment, une même pensée, obéissant tous à la même consigne. Nous devons imiter leur conduite en ce point seulement.

Une armée, au jour de la bataille, prend les meilleures dispositions, et se place sur le terrain le plus favorable pour vaincre l'ennemi : elle observe la plus exacte discipline, elle est serrée autour de son chef, elle est prête à vaincre ou à mourir.

Engageons la lutte avec union, courage et fermeté ; oublions l'esprit de parti, ayons devant les yeux la France et l'Eglise que nous devons sauver à tout prix : avec l'esprit de parti, nous perdrions tout ; en n'envisageant que le salut de la patrie, nous avons l'assurance de faire triompher la bonne cause.

Si nous marchons avec un même drapeau, le drapeau catholique : nos forces seront doubles et et notre confiance sans bornes : ne vaut-il pas mieux sauver la nation en nous unissant, que de la compromettre par nos divisions politiques ?

Organisons-nous sans perdre de temps ; formons des sous-comites, des commissions dépendantes des premiers ; obéissons au même commandement, partageons les mêmes sentiments, soyons prêts à exécuter les ordres du chef, sans hésitation. Que les campagnes soient en communication avec les comités des villes, ceux-ci avec un comité central : rendons-nous un compte exact de l'esprit des populations ; ne négligeons rien pour faire pénétrer la vérité dans leur âme : on leur cache la vérité avec tant de soin ! on les trompe si fort !

Faisons beaucoup de travail et peu de bruit.

Sacrifions quelques jours de repos et de plaisirs pour nous procurer une longue tranquillité et pour éloigner les plus grands maux : quand la patrie est en souffrance, un français ne saurait jouir.

Si nous dormons durant ces jours si précieux, on nous ménagera de tristes veilles ! ! Mieux vaut quelques jours de peines et de fatigues dans ce moment ; et après, des loisirs et du calme pendant longues années. La patrie demande des sacrifices de toute sorte, ne reculons devant aucun.

Avant tout, choisissons pour candidats des hommes à vrais principes, des hommes sincèrement catholiques. Que les leçons du passé nous instruisent. Les députés à dos souple qui font la guerre à l'Eglise depuis si longtemps, promirent dans leurs professions de foi d'être ses soutiens ou du moins de ne rien entreprendre contre elle. Quelle bonne foi dans ces hommes ! quelle fidélité à la parole donnée ! quels zelés apôtres que les fameux 363 ! L'Eglise se souviendra longtemps du concours bienveillant qu'ils lui ont prêté ! Ne nous faisons plus battre avec nos propres armes.

A cette heure décisive, le secours de la prière nous est plus utile que toute autre chose. Organisons l'œuvre de la prière sur une vaste échelle, afin d'attirer sur nous la bienveillance du ciel. Abandonnés à nous-mêmes, notre travail est peu de chose ; mais si Dieu nous vient en aide, nous ferons des prodiges. Que le pauvre prie, que le riche travaille, exhorte, instruise, fournisse les fonds nécessaires et fasse des prosélytes.

A l'aide d'une sage organisation, nous électriserons la France tout entière, nous ramènerons la confiance, nous ferons renaître les sentiments généreux, et le découragement s'emparera de nos adversaires : pour les catholiques, une organisation sage et générale de leurs forces c'est le gage de la victoire. — Réunissons des assemblées dans les communes rurales ; ayons dans toutes un homme dévoué pour y distribuer les ecrits et les feuilles catholiques : cette mesure est de première nécessité. Dans les villes, il faut une organisation spéciale vis-à-vis des ouvriers.

CHAPITRE IX

La pression gouvernementale.

Qu'y a-t-il de nouveau en France ? Pourquoi les hommes fameux qui sont au pouvoir quittent-ils leurs sièges dorés pour se mettre en campagne, malgré la rigueur de la saison ? Vont-ils repousser quelque invasion ennemie ? Volent-ils au secours de la patrie en danger, ou bien marchent-ils à la conquête d'une nouvelle province ?

On les rencontre le long des chemins, dans les villes, dans les hameaux, baignés de sueur, défaillants, accables, exténués, rendus. Dans quel but affrontent-ils tant de fatigues ?

Quelle est cette foule nombreuse de subalternes qui marchent après eux d'un air triomphant ?

Ministres, sous-secrétaires, sénateurs, députés, préfets, sous-préfets, maires, instituteurs, gardes-champêtres ont pris la voie des champs. A quel dessein ? quels nobles sentiments les animent ? quelle grande idée ont-ils dans la tête ? quelle haute entreprise, quel acte d'intérêt supérieur vont-ils exécuter ? Cieux, soyez dans l'admiration ! terre, applaudis à tant d'héroïsme ! ces personnages éminents vont *quêter des suffrages.*

Portes des villes, portes des champs, ouvrez-vous comme par enchantement ; livrez passage à ces *illustres quêteurs* et preparez de toute part une réception digne d'eux et de leurs nobles travaux.

Le beau spectacle que donne cette multitude de pèlerins parcourant la France dans tous les sens, le bâton a la main, la besace au cou et la gourde toujours pleine !

En ce moment, ils s'abaissent devant vous, ils exaltent votre souveraineté pretendue ; demain, s'ils sont les maîtres, ils vous couvriront de leur dédain comme ils ont fait jusqu'ici. Ils rempliront leur bourse, avec quel argent, vous le savez ; ils se livreront aux plaisirs et vous souffrirez la faim ;

ils étaleront leur opulence et vous souffrirez la misère; et, loin de chercher à la soulager, ils en feront un objet de raillerie.

Généreux catholiques, voyant défiler cette bande de suppliants vous direz : « Ils méritent bien peu nos suffrages ! tant de démarches et de prières n'annoncent rien de bon : hier, si fiers; aujourd'hui si humbles ! D'où vient un changement si subit? ils ont besoin de nous.

« Naguère ils portaient la tête au ciel; à cette heure, ils se mettent platement sous les pieds du dernier des manants pourvu qu'il soit électeur. S'ils avaient eu la certitude que le peuple était pour eux, ils ne prendraient pas tant de peine : ils courent beaucoup parce qu'ils espèrent peu. S'ils avaient bien rempli leur mandat dans le passé, le bien qu'ils auraient fait leur assurerait les suffrages du plus grand nombre.

« Leurs démarches les condamnent; en demandant avec tant d'instance, ils laissent croire qu'ils ne sont pas dignes de la place qu'ils occupent, et qu'ils ne sauraient s'y maintenir que par la faveur du peuple et non à cause de leur mérite ni des services passés.

« S'ils ont été infidèles jusqu'à ce jour, à l'avenir ils seraient plus infidèles encore. »

Voilà le langage qu'on doit tenir en leur présence pour les confondre. Plus on vous priera, plus vous fermerez le cœur.

Demandez-leur compte de l'âme de vos enfants qu'ils ont abrutis et immolés par l'enseignement obligatoire et sans Dieu ? Demandez-leur compte du sang des soldats qu'ils ont sacrifiés à leur vil intérêt, à leur soif de commander? Dites-leur pourquoi ils ont fait cette désastreuse guerre du Tonkin qui a plongé tant de familles dans la desolation? Pourquoi ils ont interdit les processions, renversé les statues et les croix? Pourquoi ils ont expulsé les religieux et fermé arbitrairement les écoles des frères et des sœurs, ces dévoués instituteurs des enfants du peuple, qui font entrer les sentiments de piéte dans l'âme des enfants avec un art si admirable?

Reprochez-leur le triste état dans lequel sont tombés l'agriculture, le commerce et l'industrie, depuis qu'ils ont la puissance.

La malheureuse situation dans laquelle le pays se trouve enfoncé ne plaide pas en leur faveur. S'ils avaient été des hommes de bien, on les nommerait de nouveau par acclamation ; mais peut-on se donner des maîtres qui laissent tout périr, excepté leur fortune ?

Que dire du désordre qui règne dans les finances ? Vit-on jamais un pareil gaspillage ? On marche à grands pas et avec pleine volonté vers la banqueroute, c'est-à-dire vers la ruine inévitable du crédit français. Après dix ans d'administration républicaine, les comptes du Tresor public accusent un déficit de *trois milliards cinq cent vingt-cinq millions;* c'est un de leurs journaux qui le publie.

Depuis quatre ans, les dépenses sont plus fortes que les recettes de cinq à sept cents millions : on creuse à dessein un abîme afin que la nation entière s'y engloutisse. On couvre la gestion des finances d'un voile mystérieux, afin que le peuple n'en ait point connaissance; et les membres de la minorite en sont écartés avec soin.

Demandez-leur ce qu'ils ont fait de l'argent de

la France, le jour qu'ils iront frapper à votre porte.

Ainsi le gouvernement qui avait promis des élections loyales et libres, met en campagne ses légions de fonctionnaires pour mener les électeurs au scrutin avec un bulletin maçonnique. Où est la liberté ?

Ah ! liberté, dans sa bouche, a le sens de pression, quand le besoin l'exige. Changer le dictionnaire, ce n'est pas difficile de la part du gouvernement ; que ne peut-il de même changer tant de cœurs animés contre lui !

Il marche aux élections comme on marche à l'assaut d'une place forte, l'épée à la main, la menace a la bouche.

Est-ce le moyen de faire des elections libres ? Oui ; mais dans le sens maçonnique, c'est-à-dire, *libres-forcées.*

Le langage change avec les mœurs des hommes, parce qu'il en est la peinture : si la Franc-Maçonnerie vient à dominer, la langue française a fait son temps.

Que doivent faire les catholiques devant la pression gouvernementale ? en rire et en neutraliser les effets.

CHAPITRE X

Différence entre les œuvres du clergé et celles des francs-maçons.

« — C'est une erreur, c'est un mensonge inventé à dessein pour alarmer le peuple et pour l'indisposer contre le régime actuel ; c'est une calomnie, c'est une atrocité, c'est une injustice : le gouvernement ne persécute pas l'Eglise ; au contraire, celle-ci n'a pas d'ami plus dévoué et plus sincère.

« Il ne ruine point les finances par le gaspillage, comme on voudrait le faire croire : ne vous inquiétez pas, les finances sont en bonne main ». disent-ils.

--- La Chambre est dévouée à l'Eglise ? Donc, le bûcheron qui prend la cognée et qui porte à l'arbre des coups violents et redoublés se propose de le faire grandir ; donc, le vigneron qui coupe les pampres de la vigne prépare une riche vendange ; donc le jardinier qui arrache toutes les plantes de son jardin aura des fruits en abondance !

De même tarir successivement les sources qui alimentent l'Eglise, c'est temoigner de la bienveillance envers elle ; supprimer les bourses des séminaires, c'est faciliter le recrutement du clergé catholique ; rendre le service obligatoire pour le séminariste, c'est une mesure propre à augmenter le nombre des clercs ; expulser les religieux qui sont la plus vaillante milice de l'Eglise, c'est la rendre plus forte ; interdire la prière et l'instruction religieuse dans les écoles primaires, c'est développer les sentiments religieux de l'enfant ; briser les croix et les statues des saints et fermer arbitrairement les écoles des Frères et des Sœurs, c'est du respect pour les choses saintes et du zèle pour la foi.

Egalement, désaffecter les édifices consacrés au culte, interdire les processions sur la voie publique, abroger la loi du dimanche, c'est faciliter le développement de l'esprit religieux ; chasser les aumôniers des hôpitaux et des armées, c'est multiplier les moyens de salut !

Tel est le caractère du dévouement des francs-maçons envers l'Eglise : ils se disent amis dévoués, et ils ont continuellement la hache à la main : la bienveillance se manifeste par des actes tout autres.

— Ils ne dévorent pas les revenus de l'Etat ? Il est incontestable que depuis leur entrée au pouvoir, les emprunts se succèdent, et néanmoins les impôts s'élèvent au chiffre fabuleux de trois milliards cinq cents millions.

Augmenter sans cesse les impôts et faire chaque année un déficit de six cents millions, cela s'appelle administrer les finances avec sagesse et probité ! doubler les charges publiques pour gratifier les frères et amis des francs-maçons, c'est poser la base de la prospérité générale et du bien-être de chacun !

O bonne foi maçonnique !

Mais, si l'Etat marche vers la ruine, en revanche la fortune des républicains est en pleine croissance.

Ainsi, les francs-maçons ont la passion de détruire, mais le clergé français n'a d'autre vue que de faire fleurir la religion catholique et de procurer la gloire de la France : il édifie et ses adversaires démolissent.

Consolider l'esprit de famille, cimenter l'union entre les époux, graver dans le cœur des enfants les sentiments du respect et de l'obéissance qui sont dus aux parents, voilà une mesure indispensable au bien général.

Le clergé ne néglige rien pour obtenir ce triple résultat : il inspire l'amour du foyer paternel ; il prêche la fidélité et l'affection la plus intime entre les époux ; en enseignant aux enfants l'obligation d'aimer Dieu, il leur enseigne aussi l'obligation d'aimer les parents.

Quant aux francs-maçons, ils ont porté un coup mortel à la famille par l'enseignement obligatoire et athée et par la loi du divorce : qui dissout la famille, dissout la société et conduit à l'anarchie.

Les francs-maçons ont pris les mesures les plus énergiques afin que les enfants ne soient pas élevés selon Dieu ; et le clergé se dévoue pour combler le vide du nouvel enseignement.

La ressource du pauvre et du malade c'est le clergé qui partage son pain avec l'indigent et qui compatit à sa souffrance : on le rencontre souvent à la porte du pauvre et au chevet du malade, plus souvent encore ses aumônes parviennent entre les mains des nécessiteux par une voie secrète.

Voit-on fréquemment nos riches francs-maçons visiter ces quartiers où règne la misère, et porter une poignée d'or à tant de malheureux qui meurent de faim ?

Nation très chrétienne, tes suffrages aux élections prochaines seront un arrêt de mort contre toi-même, ou une sentence de vie ! La vie est dans le parti catholique, et la mort dans le parti des francs-maçons.

Daigne le ciel faire descendre ses lumières sur la France, et favoriser les catholiques dans cette lutte décisive !

✝

J. M. J.

Bar-le-Duc — Typ. L. Philipona et Cᵒ — 1463

TABLE DES MATIÈRES

		Pages.
CHAPITRE I.	Les catholiques et les élections.............	1
— II.	Grandeur du titre de catholique.............	3
— III.	Pourquoi le titre de catholique est-il préférable à celui de conservateur.............	5
— IV.	Le clergé et les élections.............	9
— V.	Droits du clergé dans les élections.............	12
— VI.	Les vrais républicains et les élections prochaines.............	20
— VII.	Dernier terme de la Franc-Maçonnerie.....	23
— VIII.	Nécessité de s'organiser.............	27
— IX.	Pression gouvernementale.............	29
— X.	Différence entre les œuvres du clergé et celles des francs-maçons.............	33

Bar-le-Duc — Typ L. PHILIPONA et Cⁱᵉ — 1463